essentials

Essentials liefern aktuelles Wissen in konzentrierter Form. Die Essenz dessen, worauf es als „State-of-the-Art" in der gegenwärtigen Fachdiskussion oder in der Praxis ankommt. Essentials informieren schnell, unkompliziert und verständlich.

- als Einführung in ein aktuelles Thema aus Ihrem Fachgebiet
- als Einstieg in ein für Sie noch unbekanntes Themenfeld
- als Einblick, um zum Thema mitreden zu können.

Die Bücher in elektronischer und gedruckter Form bringen das Expertenwissen von Springer-Fachautoren kompakt zur Darstellung. Sie sind besonders für die Nutzung als eBook auf Tablet-PCs, eBook-Readern und Smartphones geeignet.

Essentials: Wissensbausteine aus den Wirtschafts, Sozial- und Geisteswissenschaften, aus Technik und Naturwissenschaften sowie aus Medizin, Psychologie und Gesundheitsberufen. Von renommierten Autoren aller Springer-Verlagsmarken.

Sabine Wachter • Thomas Zaelke

Systemkonsolidierung und Datenmigration als Erfolgsfaktoren

HMD Best Paper Award 2014

Mit einem Vorwort von Stefan Meinhardt

Sabine Wachter
Data Management Services
SAP Deutschland SE & Co. KG
Walldorf
Deutschland

Thomas Zaelke
Data Management Services
SAP Deutschland SE & Co. KG
Walldorf
Deutschland

Dieser Beitrag ist die bearbeitete Version des Artikels „Wachter/Zaelke, Systemkonsolidierung und Datenmigration als geschäftskritische Erfolgsfaktoren". HMD – Praxis der Wirtschaftsinformatik 51 (2014), S. 142–153.

ISSN 2197-6708
essentials
ISBN 978-3-658-11405-3
DOI 10.1007/978-3-658-11406-0

ISSN 2197-6716 (electronic)

ISBN 978-3-658-11406-0 (eBook)

Die Deutsche Nationalbibliothek verzeichnet diese Publikation in der Deutschen Nationalbibliografie; detaillierte bibliografische Daten sind im Internet über http://dnb.d-nb.de abrufbar.

Springer Vieweg

Gedruckt auf säurefreiem und chlorfrei gebleichtem Papier

Springer Fachmedien Wiesbaden ist Teil der Fachverlagsgruppe Springer Science+Business Media (www.springer.com)

Vorwort

Der prämierte Beitrag

Das Thema IT-Migration und Konsolidierung ist seit Anbeginn des Informationszeitalters ein fester Bestandteil der Informationsverarbeitung. Migrationen und Konsolidierungen finden auf allen Ebenen beginnend bei Hardware, Betriebssystemen, Datenbanken über Programme, Anwendungen bis hin zu ganzen Systemlandschaften statt mit allen Herausforderungen an Komplexität, die die IT Welt mit sich bringt.

Die Treiber für Migration und Konsolidierung sind vielfältig: Dies können Business-getriebene Auslöser, wie Mergers & Acquisitions oder Umstrukturierungen im Unternehmen sein. Aber auch die Absicht Kosten- und Effizienzvorteile durch die Etablierung unternehmensweit einheitlicher Strukturen zu realisieren, kann eine Standardisierung und Konsolidierung von Daten, Prozessen und Organisationselementen erfordern. Oftmals sind es aber auch eher die technologischen Innovationen in der IT, wie z. B. aktuell die Verfügbarkeit von In-Memory Datenbanken mit komplett neuen Anwendungsmöglichkeiten in Echtzeit, die eine Migration und Konsolidierung der Systeme verbunden mit einer Reduktion der Betriebskosten motiviert.

Der prämierte Beitrag „Systemkonsolidierung und Datenmigration als geschäftskritische Erfolgsfaktoren“ von Sabine Wachter und Thomas Zaelke beschreibt sehr anschaulich auf konzeptioneller Ebene als auch anhand von konkreten Praxisbeispielen, wie zielorientierte Lösungsansätze in Datenmigrations- und Konsolidierungsszenarien im SAP-Umfeld entwickelt und erfolgreich umgesetzt werden können. Insbesondere stehen in dem Beitrag Ansätze im Vordergrund, die die effektive Anpassung einer bestehenden SAP Systemlandschaft an neue Software-Releases, den Wechsel hin zu Cloud-basierten Software-Lösungen oder die Migration auf die aktuelle In-Memory Datenbank SAP HANA zum Ziel haben.

Die ständige Aktualität des im Beitrag von Wachter und Zaelke behandelten Themas, gepaart mit der Kompetenz die komplexen Zusammenhänge bei IT-Migration und Konsolidierungsvorhaben im SAP Umfeld verständlich, nachvollziehbar und anhand von anschaulichen Praxisbeispielen darzustellen, waren die ausschlaggebenden Kriterien, die die HMD Jury zur Prämierung des Beitrages für den HMD Best-Paper-Award 2014 bewogen hat.

Die HMD – Praxis der Wirtschaftsinformatik und der HMD Best Paper Award

Alle HMD-Beiträge basieren auf einem Transfer wissenschaftlicher Erkenntnisse in die Praxis der Wirtschaftsinformatik. Umfassendere Themenbereiche werden in HMD-Heften aus verschiedenen Blickwinkeln betrachtet, so dass in jedem Heft sowohl Wissenschaftler als auch Praktiker zu einem aktuellen Schwerpunktthema zu Wort kommen. Den verschiedenen Facetten eines Schwerpunktthemas geht ein Grundlagenbeitrag zum State of the Art des Themenbereichs voraus. Damit liefert die HMD IT-Fach- und Führungskräften Lösungsideen für ihre Probleme, zeigt ihnen Umsetzungsmöglichkeiten auf und informiert sie über Neues in der Wirtschaftsinformatik. Studierende und Lehrende der Wirtschaftsinformatik erfahren zudem, welche Themen in der Praxis ihres Faches Herausforderungen darstellen und aktuell diskutiert werden.

Wir wollen unseren Lesern und auch solchen, die HMD noch nicht kennen, mit dem „HMD Best Paper Award" eine kleine Sammlung an Beiträgen an die Hand geben, die wir für besonders lesenswert halten, und den Autoren, denen wir diese Beiträge zu verdanken haben, damit zugleich unsere Anerkennung zeigen. Mit dem „HMD Best Paper Award" werden alljährlich die drei besten Beiträge eines Jahrgangs der Zeitschrift „HMD – Praxis der Wirtschaftsinformatik" gewürdigt. Die Auswahl der Beiträge erfolgt durch das HMD-Herausgebergremium und orientiert sich an folgenden Kriterien:

- Zielgruppenadressierung
- Handlungsorientierung und Nachhaltigkeit
- Originalität und Neuigkeitsgehalt
- Erkennbarer Beitrag zum Erkenntnisfortschritt
- Nachvollziehbarkeit und Überzeugungskraft
- Sprachliche Lesbarkeit und Lebendigkeit

Alle drei prämierten Beiträge haben sich in mehreren Kriterien von den anderen Beiträgen abgesetzt und verdienen daher besondere Aufmerksamkeit. Neben dem Beitrag von Sabine Wachter und Thomas Zaelke wurden ausgezeichnet:

- Györy, A.; Seeser, G; Cleven, A.; Uebernickel, F. Brenner, W.: Projektübergreifendes Management – Der strategische Applikationslebenszyklus am Beispiel des BMW Q-Cockpit. HMD – Praxis der Wirtschaftsinformatik 51 (2014), 299, S. 643–656.
- Walter, T.: Bring your own device – Ein Praxisratgeber. HMD – Praxis der Wirtschaftsinformatik 51 (2014), 295, S. 84–93.

Die HMD ist vor 50 Jahren erstmals erschienen: Im Oktober 1964 wurde das Grundwerk der ursprünglichen Loseblattsammlung unter dem Namen „Handbuch der maschinellen Datenverarbeitung“ ausgeliefert. Seit 1998 lautet der Titel der Zeitschrift unter Beibehaltung des bekannten HMD-Logos „Praxis der Wirtschaftsinformatik“, seit Januar 2014 erscheint sie bei Springer Vieweg. Verlag und HMD-Herausgeber haben sich zum Ziel gesetzt, die Qualität von HMD-Heften und -Beiträgen stetig weiter zu verbessern. Jeder Beitrag wird dazu nach Einreichung doppelt begutachtet: Vom zuständigen HMD- oder Gastherausgeber (Herausgebergutachten) und von mindestens einem weiteren Experten, der anonym begutachtet (Blindgutachten). Nach Überarbeitung durch die Beitragsautoren prüft der betreuende Herausgeber die Einhaltung der Gutachtervorgaben und entscheidet auf dieser Basis über Annahme oder Ablehnung. Jedes Heft wird zudem nach Erscheinen von einem HMD-Herausgeber hinsichtlich Ausgewogenheit, Vollständigkeit und Qualität der einzelnen Heftbausteine begutachtet. Daraus gewonnene Erkenntnisse tragen zur Weiterentwicklung der Zeitschrift und zur Verbesserung des Betreuungsprozesses durch die Herausgeber bei.

Bibliographische Informationen

Wachter S, Zaelke T (2014) Systemkonsolidierung und Datenmigration als geschäftskritische Erfolgsfaktoren. HMD – Praxis der Wirtschaftsinformatik 51(296):142–153

Walldorf Stefan Meinhardt

Was Sie in diesem Essential finden können

- Eine Beschreibung der Bedeutung von Datenmigration und Systemkonsolidierung für den Unternehmenserfolg
- Beispiele und Erläuterungen zur Vereinfachung und Standardisierung bei großen Datenvolumen
- Hilfen zur Datenmigration

Inhaltsverzeichnis

1 Die Bedeutung von Datenmigration und Systemkonsolidierung für den Unternehmenserfolg 1

2 Vereinfachung und Standardisierung bei großen Datenvolumen (Big Data) durch Systemkonsolidierung 3

2.1 Fallbeispiel: Komplexes SAP Systemkonsolidierungsprojekt bei KSB 9

3 Datenmigration 11

3.1 Selektive Datenmigration 12

3.2 Fallbeispiel: Selektive Datenmigration nach SAP HANA in der Automobilindustrie 15

Was Sie aus diesem Essential mitnehmen können 17

Literatur 19

Der Autor

Sabine Wachter analysiert als Direktor für eine Landscape Transformation Software die Bedeutung von Datenmigrationen und Systemkonsolidierungen für den Unternehmenserfolg.

Thomas Zaelke war Consultant bei einem namhaften Softwarehersteller.

1 Die Bedeutung von Datenmigration und Systemkonsolidierung für den Unternehmenserfolg

Unternehmen müssen sich mit großen Datenvolumen auseinandersetzen und sicherstellen, dass ihre Geschäftsdaten korrekt aufgenommen, integriert und genutzt werden. Die Migration und Konvertierung von Daten und die Harmonisierung und Konsolidierung von Systemlandschaften stellen oftmals eine weitere Herausforderung für Unternehmen dar. Ein effektives Datenmanagement, Datenkategorisierung sowie Maßnahmen zu Datenanonymisierung helfen vielen Firmen das immense Datenvolumen besser zu beherrschen und rechtliche Vorgaben zu erfüllen. Die Tatsache, dass immer mehr strukturierte und unstrukturierte Daten aus internen sowie externen Quellen in Form von Reports, in Portalen und Dashboards bereitzustellen sind, erfordert zunehmend Unterstützung durch Datenmanagement-Lösungen und Serviceangebote[1].

Um veränderten Marktbedingungen und betriebswirtschaftlichen Anforderungen gerecht zu werden sind oftmals auch die vorhandenen Organisationsstrukturen innerhalb von zugehörigen SAP-Systemen entsprechend anzupassen. Dies kann beispielsweise bedeuten SAP-Organisationseinheiten wie Buchungskreise oder Werke zu trennen oder zusammenzuführen, Controlling-Strukturen neu zu definieren, oder komplette Unternehmensteile inklusive aller relevanten Daten auszugliedern. Auch die Implementierung von unternehmensweiten Reporting-Standards und die Anpassung des Produktportfolios an veränderte Geschäftsanforderungen sind Szenarien, die oftmals verschiedene Verfahren zur Datenharmonisierung und -konvertierung erfordern. Dabei spielt die Fähigkeit operative Prozesse und Strukturen jederzeit schnellstmöglich und effektiv anpassen zu können und dabei eine konsistente und verlässliche Migration und Konvertierung von Daten sicherzustellen eine Schlüsselrolle.

[1] Market overview: data services, the new data economy cultivates an eclectic new market of data services (2013).

S. Wachter, T. Zaelke, *Systemkonsolidierung und Datenmigration als Erfolgsfaktoren,* essentials, DOI 10.1007/978-3-658-11406-0_1

Im heutigen globalen Wettbewerb sind Unternehmen zudem ständig gefordert vorhandene Geschäftsprozesse transparent zu gestalten, die Betriebskosten für Ihre Systemlandschaften zu senken sowie einfachen Zugriff auf unternehmensweite Daten zu ermöglichen. Diesen Zielen steht jedoch häufig eine historisch gewachsene und weltweit verzweigte Systemlandschaft gegenüber, deren Verwaltungs- und Wartungskosten hoch, und deren Organisationsstrukturen oftmals nicht mehr den Unternehmensanforderungen genügen. Eine solide und flexible IT-Landschaft bildet eine wichtige Grundlage für ein Unternehmen und daher sind Maßnahmen zur Konsolidierung und Standardisierung der vorhandenen Systemlandschaft wichtig um schnell und effektiv erforderliche Anpassungen wie beispielsweise die Implementierung neuer Software-Releases, den Wechsel zu Cloud-basierten Software-Lösungen oder auf die In-Memory Datenbank SAP HANA umzusetzen.

Die Vereinfachung der produktiven Systemlandschaft und der existenten IT-Infrastruktur steht daher immer mehr im Vordergrund, da diese die Unternehmensflexibilität und die Erfüllung neuer Standards und Geschäftsanforderungen unterstützt. Zudem gewinnt die Skalierbarkeit der Systeme an Wichtigkeit, da mehr denn je das zunehmende Datenvolumen und der Einsatz neuer Technologien bewältigt werden muss[2].

[2] Ross et al. (2008).

Vereinfachung und Standardisierung bei großen Datenvolumen (Big Data) durch Systemkonsolidierung

2

Systemkonsolidierung kann der erste Schritt in Richtung einer effizienten, robusten und funktionierenden IT-Infrastruktur sein. Viele international agierende Unternehmen betreiben meist eine Vielzahl von Systemen, welche oftmals auch über mehrere Datenzentren weltweit verteilt sind. Dies kann zu Ineffizienzen in Bezug auf Prozessmanagement und Systembetreuung führen und mit einem hohen administrativen Aufwand sowie Sicherheitsproblemen verbunden sein[1]. Die Mitte Mai 2013 veröffentlichten Forschungsergebnisse von HCL Enterprise Application Services (EAS) zeigen, dass Unternehmen weltweit im Durchschnitt 5 separate Systeminstanzen betreiben, welche häufig veraltete Releasestände aufweisen. Das Kosten-Einsparungspotential durch gezielte Konsolidierungsmaßnahmen wird mit 25 % beziffert[2].

Die Treiber zur Umsetzung von Konsolidierungsmaßnahmen sind vielfältig. Gründe, die in der HCL Studie von den 225 befragten CIO's genannt wurden, sind unter anderem die Reduzierung von Betriebskosten, die vollständige Eingliederung eines zugekauften Unternehmens in die bestehende Systemlandschaft, die Restrukturierung von Geschäftsprozessen, die Verringerung von Schnittstellen sowie die Ermittlung und Beseitigung von Datenredundanzen bei gleichzeitiger Systemoptimierung.

Hinzu kommt, dass aufgrund sich verändernder ökonomischer und rechtlicher Rahmenbedingungen Unternehmen regelmäßig gezwungen sind, ihre internen Prozesse zu prüfen und ggf. anzupassen sowie auf der Systemebene abzubilden.

Im Vorfeld eines Konsolidierungsprojektes ist insbesondere zu klären, wie sich die betriebswirtschaftlichen und strategischen Ziele am besten auf der System- und

---

1 Schlücker (2010).

2 HCL Enterprise Application Services Global Survey on consolidation measurements (May 2013).

S. Wachter, T. Zaelke, *Systemkonsolidierung und Datenmigration als Erfolgsfaktoren,* essentials, DOI 10.1007/978-3-658-11406-0_2

Prozessebene umsetzen lassen. Besteht ein Ziel beispielsweise darin, zentrale IT-Governance Strukturen zu etablieren und einheitliche Geschäftsprozesse zu definieren, kann ein Konsolidierungsprojekt die vollständige Verschmelzung existenter Geschäftsprozesse und die Harmonisierung von Stammdaten umfassen – dies bezeichnet man auch als Business-getriebene Konsolidierung. Weitere Bestandteile könnten die Gestaltung effizienterer Geschäftsprozesse durch die Einführung eines globalen Prozess-Templates (ein Template ist eine Vorlage für IT-Systeme, in der die zu verwendenden Strukturen, Geschäftsprozesse sowie Transaktionen u. ä. definiert sind) oder auch die Restrukturierung von bestehenden Organisationsstrukturen sein. Eine Konsolidierung kann auch sinnvoll sein, wenn beabsichtigt ist, das Datenmanagement zu vereinheitlichen und einheitliche, konzernweite Reporting-Strukturen zu etablieren.

Es gibt aber auch die Möglichkeit eine Simplifizierung bestehender Strukturen zu unterstützen ohne Prozesse vollständig neu zu gestalten. Sollte ein Unternehmen weiterhin großen Wert auf regionale Eigenständigkeit legen und auch die Kundenbasis in unterschiedlichen Märkten mit verschiedenen Produkten bedient wird, ist eine Systemkonsolidierung einer Business-getriebenen Konsolidierung vorzuziehen. Dies gewährleistet den Erhalt lokaler Autonomie, unterstützt lokal unterschiedliche Prozesse und ermöglicht gleichzeitig eine zielgerichtete Systemadministration.

Sobald diese essentiellen strategischen Fragen geklärt sind, bedarf es einer detaillierten Planung für das Konsolidierungsvorhaben um Projektrisiken zu vermeiden[3]. So ist beispielsweise zu definieren, wie viele Systeme, welchen Release-Stand und welche Datenbank die Zielarchitektur umfassen wird und welche Quellsysteme und Daten relevant sind. Zudem muss das zu überführende Datenvolumen ermittelt werden. Aufgrund der Komplexität bei der Umsetzung einer Einmandanten- oder Mehrmandantenlösung empfiehlt es sich auch eine Machbarkeitsanalyse durchzuführen um die Vorteile des vorgeschlagenen Konsolidierungsansatzes zu prüfen[4] und eine Konsolidierungs-Roadmap auszuarbeiten[5] (Abb. 2.1).

Aufbau eines Mehrmandantensystems Die Zusammenzuführung von weltweit verteilten Systemen kann Unternehmen Kosten, Ressourcen und Aufwand sparen. Der Verwaltungsaufwand von einem einzelnen System ist einfacher zu handhaben und unterstützt mögliche zukünftige Upgrades, die Eingliederung neuer Systeme,

[3] Schlücker (2010).

[4] Gartner – Zrimsek (2003).

[5] Mahato et al. (2006).

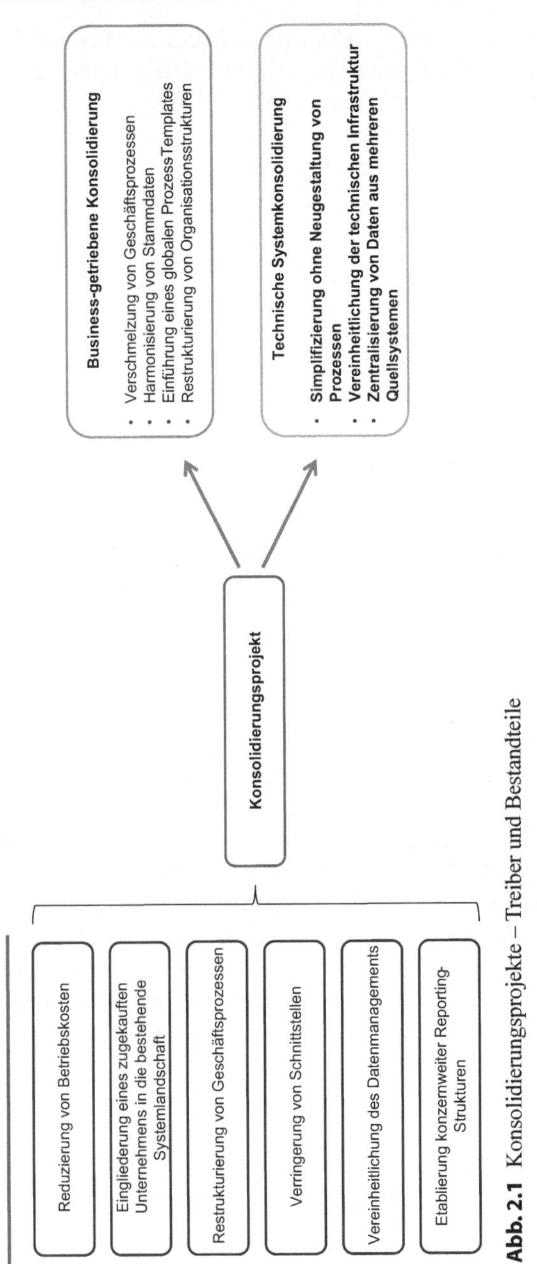

Abb. 2.1 Konsolidierungsprojekte – Treiber und Bestandteile

sowie Wartungsmaßnahmen[6]. Mit dem Aufbau eines Mehrmandantensystems (das Mandantenkonzept ermöglicht es, ein SAP-System in mehrere logische Subsysteme – Mandanten – zu unterteilen. Diese Subsysteme können wie eigene Systeme betriebswirtschaftlich voneinander unabhängig und isoliert genutzt werden) wird in erster Linie eine technische Konsolidierung angestrebt um die technische Infrastruktur zu vereinheitlichen und ein neues Fundament für die gesamte IT Governance zu schaffen.

In der SAP-Umgebung unterstützt die Zusammenführung von Mandanten die Zentralisierung von Daten aus verschiedenen Quellen in einem einzigen Zielsystem mit mehreren Mandanten. Die Vereinheitlichung der Strukturen ist nur auf Repository-Ebene und für das mandantenunabhängige Customizing notwendig[7]. Da Maßnahmen zur Prozessvereinheitlichung, zum Aufbau eines gemeinsamen Reportings und der Sicherstellung von konsistenten Stamm- und Bewegungsdaten entfallen, entscheiden sich viele Konzerne im ersten Schritt für den Aufbau eines Mehrmandantensystems und erst im zweiten für eine Harmonisierung aller Geschäftsprozesse. Der Kunde Voestalpine entschied sich im Jahre 2008 für den Aufbau eines Mehrmandantensystems, da eine schnelle Umsetzungsphase in Verbindung mit einer erhöhten Ausfallsicherheit, einem geringeren Aufwand für Wartung und Administration sowie einer generellen Qualitätsverbesserung der Qualität gesamten IT-Systeme angestrebt wurde[8].

Eine klare Wartungs- und Teststrategie, der Wechsel zu einem höheren Release, das Einspielen von Enhancement-Paketen sowie andere Wartungsmaßnahmen, die den 7 × 24 Support garantieren, mussten detailliert geplant und koordiniert werden. Voestalpine konnte durch den Aufbau des Mehrmandantensystems mit zentralisierter IT die Betriebskosten um 64 % senken und somit amortisierte sich die Investition in ein Konsolidierungsprojekt schon innerhalb von 6 Monaten[9].

Auch wenn ein Mehrmandantensystem nicht die Vorteile einheitlicher Geschäftsprozesse bieten kann, da die Daten weiterhin disjunkt verwaltet werden, entscheiden sich viele Konzerne dennoch für diese Variante. Denn die technische Konsolidierung bringt schnelle Erfolge, und der unternehmensinterne Abstimmungsaufwand ist aufgrund der beibehaltenen Autonomie der einzelnen Regionen und Organisationseinheiten mit unterschiedlichen Strukturen und Prozessen als vergleichsweise gering einzustufen.

---

[6] Guggenberger (2010).

[7] Davidenkoff und Werner (2008).

[8] SAP success story voestalpine (2008).

[9] SAP success story voestalpine (2008).

Aufbau eines Einmandantensystems Hat sich ein Unternehmen für die komplette Verschmelzung von bestehenden Systemen und der darin enthaltenen Daten entschieden, bedeutet dies nicht nur einen hohen Abstimmungsaufwand mit allen involvierten Fachabteilungen, sondern auch eine erhöhte Projektlaufzeit. Die Prozessharmonisierung bzw. der Abgleich der Stamm- und Bewegungsdaten über die komplette Datenhistorie hinweg stellt den wohl größten Projektanteil dar. Zur Realisierung der Einmandantenlösung bei zwei oder mehr Systemen beträgt die Gesamtprojektdauer mindestens sechs Monate, je nach Komplexität erhöht sich Dauer und Aufwand. Auch der personelle Aufwand potenziert sich, da alle Fachabteilungen bei den durchzuführenden Abstimmmaßnahmen eingebunden werden müssen, um nach erfolgter Realisierung die Prozesskontinuität zu gewährleisten.

Eine ERP-Systemkonsolidierung bzw. das Zusammenführen von Systeminhalten aus Anwendungssicht hat viele Teilaspekte wie zum Beispiel der Abgleich und das Zusammenführen des Kundenstammes aus zwei unterschiedlichen SAP Systemen. Hier muss genauestens geprüft werden, dass gleiche Kunden nicht unter unterschiedlichen Kundennummern geführt werden oder für ein und denselben Kunden unterschiedliche Preisvereinbarungen gelten. Ebenso gilt dies für Bewegungsdaten, wie z. B. Aufträge, oder Fakturen, die entsprechend angeglichen und migriert werden müssen. Auch das mandantenabhängige Customizing muss bei der Anpassung Berücksichtigung finden. Beabsichtigt ein Unternehmen einheitliche Reporting-Standards wie IFRS (International Financial Reporting Standards) zur Gewährleistung der Vergleichbarkeit von Jahres-und Konzernabschlüssen kapitalmarktorientierter Unternehmen einzuführen, dann kann die Einführung eines globalen Kontenplanes und die Harmonisierung aller bestehenden lokalen Kontenpläne erforderlich sein.

Verschiedene Anforderungen wie die Migration und Restrukturierung der Stamm- und Bewegungsdaten, die Änderung der Organisationsstruktur mit Buchungskreis-, Kostenstellen- und Kostenrechnungskreistrennung sowie die mögliche Einführung einer neuen globalen Template-Struktur können in einem Konsolidierungsprojekt kombiniert werden. Um eine solche Herausforderung zu meistern sind eine gute Projektorganisation und ein vorausschauendes Zeitmanagement erforderlich. Insbesondere ist das intensive Testen mit mehreren Testzyklen entscheidend für das Gelingen eines umfangreichen Harmonisierungs- bzw. Konsolidierungsprojektes. Oftmals sind zwei oder mehr Testphasen einzuplanen, um die verschiedenen Bereiche wie Performance, Überprüfung von Schnittstellen, Korrektheit von Transaktionen und Datenkonsistenz abzudecken.

Mit dem Aufbau eines zentralisierten Einmandantensystems lässt sich nicht nur die Komplexität und der Aufwand hinsichtlich Systemwartung und Releasewechsel erheblich senken, sondern mittels Standardisierung von Prozessen, Einführung von globalen Template-Strukturen und Vereinheitlichung von Geschäftsdaten so-

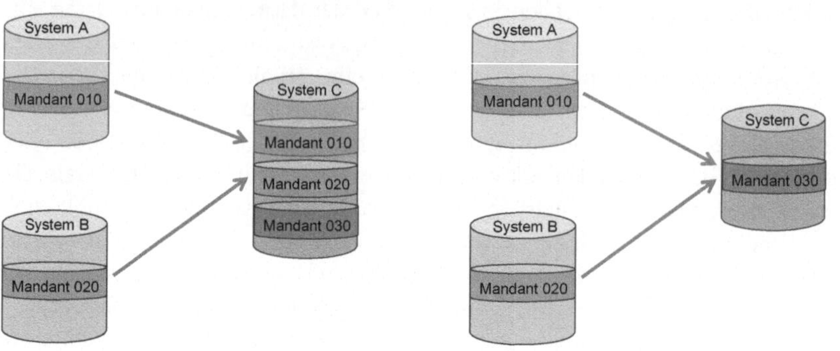

Abb. 2.2 Aufbau eines Mehrmandanten- und eines Einmandantensystems

wie durch eine verringerte Anzahl von kundenspezifischen Entwicklungen, Addons und Schnittstellen der Qualitätsstandard verbessern.

Ein weiterer Grund für Unternehmen ein Einmandantensystem zu favorisieren, ist die vereinfachte Einhaltung von gesetzlichen Vorgaben. So schreibt das Sarbanes-Oxley Act Gesetz beispielsweise vor, dass bei Zertifizierung von Managementsystemen alle Finanzdaten lückenlos und zurückverfolgbar dargestellt werden müssen. Ein Einmandantensystem, in dem alle Finanzdaten aus einer Quelle stammen, bietet hierbei den Vorteil, dass Monats- bzw. Jahresabschlüsse schneller und ohne den Einsatz von kostspieligen Abgleichreports erfolgen können[10].

Die Entscheidung für eine zentralisierte Systemumgebung hat auch grundlegende Auswirkungen auf die Systemarchitektur, da meist eine größere Anzahl an Applikationen, Sprachversionen sowie Business Recovery Szenarien genutzt werden. Diese Herausforderungen beeinflussen zudem die Anzahl der einzusetzenden Applikationsserver, der Graphischen User Interfaces (GUI), sowie das Management von Druckern und Schnittstellen[11].

Ein Konsolidierungsprojekt bietet zudem die Möglichkeit Altdaten zu archivieren. Im Regelfall ist die Integration der IT mit der Abschaltung von Anwendungssystemen verbunden, da ein wesentliches Einsparpotenzial in der Vermeidung eines Parallelbetriebs mehrerer Systeme liegt. Aufgrund gesetzlicher Vorgaben besteht jedoch die Notwendigkeit, die aufbewahrungspflichtigen Daten vor einer Systemabschaltung in das zukünftige Anwendungssystem zu migrieren oder sie zu archivieren[12] (Abb. 2.2).

[10] Worthem (2003).

[11] Gartner – Zrimsek (2003).

[12] Guggenberger (2010).

2.1 Fallbeispiel: Komplexes SAP Systemkonsolidierungsprojekt bei KSB

Die KSB Aktiengesellschaft mit Hauptsitz in Frankenthal, Deutschland, gehört mit einem Weltmarktanteil von 10 % zu den weltweit führenden Anbietern von Pumpen, Armaturen und zugehörigen Systemen. Mehr als 16.200 Mitarbeiter erzielten 2012 einen Jahresumsatz von über 2 Mrd. €.

In den 1950er Jahren war KSB erstmals mit einem Tochterunternehmen in Pakistan im asiatisch-pazifischen Markt aktiv und hat sich seitdem zunehmend international ausgerichtet. Derzeit ist KSB weltweit mit Produktionsstandorten in 21 Ländern vertreten und verfügt über ein weltweites Netz an Vertriebsgesellschaften und Niederlassungen. Doch die zunehmende Ausweitung der Geschäftstätigkeiten führte mit der Zeit auch zu einer stark dezentralisierten und verzweigten Systemlandschaft, die nicht mehr optimal an die Unternehmensanforderungen ausgerichtet war und zudem hohen Administrationsaufwand verursachte sowie länderübergreifendes Reporting erschwerte. Aus diesen Gründen hat KSB die Entscheidung getroffen die unternehmensweite Systemlandschaft zu vereinheitlichen und zu zentralisieren, sowie die Organisationsstrukturen an die veränderten Geschäftsanforderungen anzupassen. Zentrale Ziele dieses Vorhabens waren die Etablierung einer globalen, vereinheitlichten ERP-Systemlandschaft und die Integration der indischen Konzernniederlassung in das neue globale KSB System.

Das Projekt begann mit einer detaillierten Analyse der existierenden KSB-Systemlandschaft. Mittels verschiedener SAP Tools wurden Repository-Vergleiche sowie Customizing- und Nummernkreisanalysen in den betroffenen Systemen durchgeführt um Konflikte in diesen Bereichen zu identifizieren und aus den Analyseergebnissen erforderliche Konvertierungsmaßnahmen abzuleiten. Aufbauend auf den Analyseergebnissen hat das Projektteam einen Blueprint ausgearbeitet, der die technische Durchführung und die erforderlichen Datentransformationen detailliert abbildete. Der Projektplan sah für die Realisierung zwei zentrale Bestandteile vor – die Reorganisation der bestehenden Ergebnisbereichs- und Kostenrechnungskreisstruktur als Vorbereitung für die Integration des indischen Systems sowie darauffolgend eine System- und Mandantenkonsolidierung mit Zusammenführung von zwei Ergebnisbereichen und zugehörigen Kostenrechnungskreisen. Da sich das zu integrierende indische System noch auf dem Release-Stand ERP 4.7 non-Unicode befand, das globale KSB System hingegen bereits auf Release ECC 6.0 Unicode, war außerdem ein Releasewechsel sowie eine Unicode-Konvertierung des indischen Systems erforderlich.

Der Migrationsumfang umfasste insgesamt ca. 1,2 Mio. Stamm- und Anwendungsdatensätze. Während das KSB-Projektteam den Großteil der erforderlichen Customizing-Aufgaben in dem globalen System ausführte, übernahmen SAP-Experten die Verantwortung für die Migration von definierten Customizing Daten aus dem indischen Qualitätssicherungssystem in das globale KSB System um somit auch weiterhin die Besonderheiten der indischen Landesversion zur Verfügung zu haben. Im Rahmen des Transformationsprojektes wurden insgesamt 110 Mappingregeln angewendet um die Datenkonsistenz im Zielsystem nach der Datenmigration sicherzustellen. Neben der Migration von Anwendungsdaten inklusive der gesamten Datenhistorie befasste sich das Projektteam damit Benutzerstammsätze, Rollen und Berechtigungen entsprechend den Kundenanforderungen zu filtern und zu migrieren sowie Rollen umzubenennen und Einschränkungen von Berechtigungen im Zielsystem vorzunehmen.

Nach der dreimonatigen Analyse- und Blueprint-Phase und der anschließenden achtmonatigen Realisierungsphase, die die Durchführung von 3 Testzyklen beinhaltete, wurde das Projekt mit der erfolgreichen Integration des indischen Systems in die globale KSB Systemlandschaft abgeschlossen. Dank des gewählten Ansatzes der SAP System Landscape Optimization Gruppe war es möglich die gesamte Produktivumstellung inklusive des System-Upgrades sowie der Unicode-Konvertierung während einer einzigen System-Downtime durchzuführen und somit die Geschäftsprozesse nur minimal zu beinträchtigen.

Durch die im Zuge der Systemkonsolidierung erfolgte Harmonisierung von Prozessen und Daten kann KSB nun von erhöhter Datentransparenz sowie von vereinheitlichten Controlling-Strukturen profitieren, die ein effizientes, länderübergreifendes Reporting ermöglichen. Zudem unterstützt die zentralisierte Systemlandschaft die globalen Geschäftsprozesse des Konzerns und stellt somit eine wichtige Grundlage für weiteres Unternehmenswachstum dar[13].

[13] SAP Teched ALM 219 (2012). DSAG Blaupause http://blaupause.dsag.de/sites/default/files/releases/blaupause_2-2015_final.pdf

3 Datenmigration

Unabhängig vom Anlass für ein Transformations-, Konsolidierungs- und/oder Harmonisierungsprojekt sind Daten das zentrale Element der Migration und der vollständige und korrekte Transfer dieser Daten in die definierte Zielarchitektur muss gewährleistet sein. Im Interesse einer effizienten Migration sollten im Vorfeld alte Datenbestände bereinigt werden und eine detaillierte Analyse und Planung der Datenmigration erfolgen[1]. Es ist außerdem zu analysieren, inwiefern sich die Struktur, Syntax und Semantik der Quell- und der Zielsysteme unterscheidet. Bei einer Datenintegration von SAP und nicht-SAP Systemen in einer SAP-Zielumgebung werden Stammdaten aus verschiedenen Geschäftsdomänen zusammengeführt, wie z. B. Materialstämme, Kunden- und Lieferantenstammdaten. Hierbei ist entscheidend, die Unterschiede in den vorliegenden Strukturen zu ermitteln und anzugleichen. Oftmals zeigen Systemanalysen starke Differenzen bezüglich Materialien, Kundeninformationen und auch Customizing-Einstellungen, die eine Datenbereinigung erfordern. Zudem stellt sich die Frage ob die komplette Datenhistorie in das Zielsystem überführt werden soll oder ob eine gezielte Datenauswahl die geeignetere Variante darstellt[2]. Gerade bei sehr großen Datenmengen oder organisatorischen Veränderungen kann es sich als sinnvoll erweisen nur eine ausgewählte Teilmenge des gesamten Datenvolumens in die Zielarchitektur zu überführen. Hier eröffnen sich verschiedene Möglichkeiten wie z. B. die Datenmigration zur Übernahme von offenen Posten oder von bestimmten Business-Objekten.

Im Falle eines „Merge-Szenarios“ kann es auch erforderlich sein, die Datenmigration auf einzelne Organisationseinheiten wie z. B. Kostenrechnungskreise, Buchungskreise und/oder Werke zu begrenzen, welche entweder in einem schon

[1] Bundesverwaltungsamt V Modell XT Bund Teil 5 V-Modell Referenz Produkte Bundesministerium des Inneren Migrationsleitfaden Version 3.0.

[2] Bell und Orzen MA (2011).

S. Wachter, T. Zaelke, *Systemkonsolidierung und Datenmigration als Erfolgsfaktoren,* essentials, DOI 10.1007/978-3-658-11406-0_3

vorhandenen System zusammengeführt, oder in ein neues System migriert werden. In diesem speziellen Fall ist es notwendig alle relevanten Daten zu identifizieren um die Migration der abhängigen Daten zu gewährleisten.

Ähnlich verhält es sich bei „Carve-Out“ und „Split“ Szenarien, mit denen sich beispielsweise auf Systemebene die Ausgliederung einer Niederlassung, der Aufbau eines neuen Geschäftsbereiches, oder der Verkauf von Unternehmensteilen realisieren lassen. Auch hierbei kann die Trennung der Daten nach Applikation, Organisationseinheit oder auch gemäß eines Zeitraums erfolgen.

Eine weitere Variante einer Datenmigration ist die Überführung der kompletten Datenhistorie in eine neue Prozessvorlage (Template) zur Implementierung eines neuen Geschäftsmodells.

3.1 Selektive Datenmigration

Ist eine komplette Aufbewahrung der Datenhistorie, zum Beispiel aus gesetzlichen Gründen nicht gefordert, sondern nur die Übernahme ausgewählter Geschäftsprozesse, kann eine selektive Migration von Stammdaten und Transaktionsdaten sinnvoll sein, um Integrität und Konsistenz in der Systemlandschaft zu erreichen. Die selektive Datenmigration ermöglicht den Migrationsumfang an individuelle Anforderungen anzupassen und dedizierte Businessobjekte von einer beliebigen Datenbank zum Zielsystem zu transferieren. So können große Datenmengen von den SAP ERP, SAP Customer Relationship Management oder SAP Supplier Relationship Management Applikationen – wie z. B. Bestellungen, Kundenaufträge, offene Posten und Seriennummern – zum Zielsystem selektiv migriert werden. Bei der selektiven Datenmigration können auch zusätzliche Daten erweitert oder in andere Organisationseinheiten umgezogen werden, wie z. B. im Bereich der Materialwirtschaft die Anlage weiterer Ansichten realisiert oder beim Aufsetzen einer neuen Kostenstruktur eine Neuzuordnung von Kosten erfolgen[3]. Zusätzlich können weitere Projektanforderungen wie Data-Slimming (die gezielte Reduzierung des zu migrierenden Datenvolumens), Datendeaktivierung in der Quellumgebung, Datenvalidierung, Testautomation sowie das Abschalten von Altsystemen abgedeckt werden.

Wichtig für ein Unternehmen ist eine kurze Systemausfallzeit im Rahmen der Datenmigration aller Produktivdaten. Auch ist die Kombination verschiedener Migrationsvorhaben wie Unicode-Konvertierung, Upgrade oder auch ein Datenbankwechsel, die dieser Ansatz ermöglicht, von Vorteil.

[3] Willinger (2012).

Selektive Datenmigration nach SAP HANA Grundlegende Technologieverbesserungen können einen Mehrwert zur Steigerung der Wettbewerbsfähigkeit beisteuern. SAP HANA ist ein solches Beispiel, denn die SAP in-Memory Technologie ermöglicht Auswertungen in Echtzeit durchzuführen und unterstützt Szenarien innerhalb von Sekunden zu planen, zu simulieren und zu analysieren. Datenanalysen, die in der Vergangenheit Tage oder sogar Wochen in Anspruch genommen haben, können nun in Echtzeit abgefragt werden[4].

Die Optimierung des Geschäftsbetriebes sowie der schnelle Datenzugriff eröffnen neue Chancen für Unternehmen. Um die innovativen Möglichkeiten in vollem Umfang ausschöpfen zu können, ist jedoch eine verlässliche und effiziente Datenmigration nach SAP HANA sicherzustellen. In Abgrenzung zu klassischen Migrationsverfahren wie der OS/DB-Migration oder einer Neuimplementierung ermöglicht der selektive Migrationsansatz den Migrationsumfang individuell zu bestimmen und die Migration unter Beibehaltung der Prozesskontinuität sowie mit den gewünschten historischen Daten zu realisieren. Der Ansatz ermöglicht es zudem die Projektdauer zu reduzieren. So besteht neben der Migration von einer beliebigen Datenbank in das Zielsystem die Möglichkeit, gleichzeitig erforderliche SAP-Release Upgrades, Unicode-Konvertierungen sowie Datentransformationsanforderungen und Prozessanpassungen mit einem einstufigen Ansatz und mit nur einer erforderlichen System-Downtime durchführen.

Mit dieser Vorgehensweise lassen sich verschiedenste Kundenszenarien realisieren (Abb. 3.1). Beispielsweise lassen sich so in Fusions- und Aquisitions-Szenarien Applikationen, Geschäftsprozesse oder einzelne Organisationseinheiten phasenweise nach SAP HANA migrieren. In Konsolidierungsszenarien ermöglicht dieser Ansatz sowohl die effiziente Zusammenführung von mehreren Systemen oder von einzelnen Applikationen in ein einzelnes, auf SAP HANA basierendes System als auch die Migration von Daten eines bestimmten Zeitraums. Im Rahmen von Restrukturierungen und der Optimierung von Geschäftsprozessen durch Nutzung der In-memory Computing Technologie lässt sich durch eine selektive Datenmigration beispielsweise die Migration von ausgewählten Daten in ein neues Prozess-Template oder auch eine Trennung von Systemen oder Organisationseinheiten mit einer gleichzeitigen, partiellen Datenmigration nach SAP HANA realisieren. Des Weiteren unterstützt diese Vorgehensweise die Ausgliederung von einzelnen Geschäftsbereichen, Geschäftsprozessen oder Applikationen. Das Szenario der Ausgliederung von einzelnen Applikationen wird im folgenden Kapitel anhand eines Kundenprojektes dargestellt.

[4] Berg und Silvia (2013).

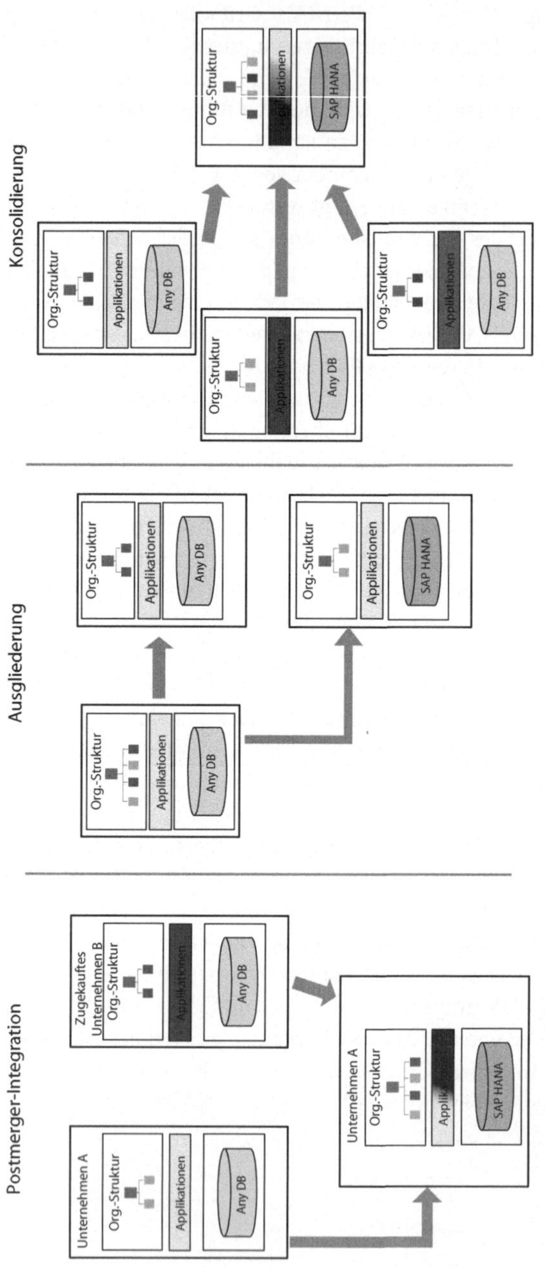

Abb. 3.1 Schematische Darstellung von Datenmigrationsszenarien

3.2 Fallbeispiel: Selektive Datenmigration nach SAP HANA in der Automobilindustrie

Ein führendes Unternehmen in der Automobilindustrie und langjähriger SAP-Kunde hat in den vergangenen Jahren stetiges Wachstum verzeichnet und erwartet eine weitere positive Geschäftsentwicklung auf hohem Niveau. Allerdings hängt die weitere Unternehmensentwicklung auch maßgeblich von der Fähigkeit ab effizientere und schnellere Geschäftsprozesse zu etablieren und die System-Performance zu verbessern. Das Unternehmen hat sich daher entschieden besonders relevante SAP-Applikationen wie das SAP Produktdatenmanagement (PDM) in ein neues, eigenständiges ERP-System zu migrieren, das auf der In-memory Technologie SAP HANA basiert. Durch die Verwendung der SAP HANA Datenbanktechnologie wurde eine wesentliche Steigerung der Performance erwartet, sowie erweiterte Analysefunktionalitäten und Echtzeit-Daten für das Programmanagement.

Die PDM-Applikation wird von dem Kunden für das gesamte, unternehmensweite Engineering Change Management verwendet – angefangen bei den Design-Konzepten der Ingenieure über alle Entwicklungs- und Herstellungsschritte bis hin zum Endprodukt – typischerweise ein Fahrzeug-Bestandteil. Ein weiteres Vorhaben war die PDM-Applikation zu einer unternehmensweiten PDM-Lösung auszubauen um künftig allen Design-Centern und Produktionsstandorten des Unternehmens eine einheitliche Lösung zur Verfügung zu stellen. Da das Quellsystem neben der auszugliedernden PDM-Applikation zahlreiche weitere SAP-Applikationen enthielt, bestand eine zentrale Herausforderung darin, nur die PDM-relevanten Daten inklusive der historischen Daten in das neue System zu migrieren und dabei die Kontinuität der laufenden Geschäftsprozesse sicherzustellen. Um dies zu realisieren, entschied sich das Unternehmen für den selektiven Migrationsansatz der SAP System Landscape Optimization Gruppe, der die Flexibilität bot, den Migrationsumfang individuell zu definieren und damit ausschließlich die relevanten Daten zu migrieren. Durch die Wahl des selektiven Migrationsansatzes konnte das Unternehmen zudem von einer wesentlich kürzeren Projektlaufzeit von lediglich 9 Monaten und einer sehr geringen erforderlichen System-Downtime von nur einem Wochenende für die Migration in das Produktivsystem profitieren.

Der erste Schritt zur Projektrealisierung bestand darin eine Kopie des Quellsystems zu erstellen, die nur dessen Customizing und Repository enthielt (System shell) und die als Grundlage für das neue, auf SAP HANA basierende ERP-System diente. Da sich dieses System noch auf einem niedrigeren Release befand als für den Betrieb mit SAP HANA erforderlich, musste es in einem nächsten Schritt durch ein Upgrade auf das Release-Level ECC 6,16 gebracht werden. Nach dem durchgeführten Release-Upgrade war es dann möglich den Wechsel der Datenbank durchzuführen und damit die Grundlage für die Datenmigration zu schaffen, die sich aus drei Bestandteilen (Migration, Deaktivierung, Validierung und Dokumentation) zusammensetzte.

Die Migration umfasste die Extraktion der vorab definierten PDM-bezogenen Daten aus dem Quellsystem, deren Transformation (Logical system mapping) sowie das Laden der Daten in das Zielsystem. Die anschließende Deaktivierung der PDM-Daten im Quellsystem beinhaltete die Deaktivierung mittels Tools von Daten, die nicht über Authorisierungsmethoden deaktiviert werden konnten. Die abschließende Validierung und Dokumentation, die auf Basis eines von der System Landscape Optimization Gruppe entwickelten Validierungs-Frameworks durchgeführt wurde, diente dazu die Vollständigkeit und Korrektheit der Datenmigration zu prüfen und dem Kunden eine nachvollziehbare Dokumentation über den gesamten Datenmigrationsablauf zur Verfügung zu stellen.

Eine zentrale Herausforderung war die Einhaltung der maximalen System-Downtime von 48 h, in der die gesamte Datenmigration im Produktivsystem durchzuführen war. Um diese zu realisieren war es erforderlich während der Projekt-Testphase Aktivitäten zur Performance-Steigerung durchzuführen.

Das Projekt beinhaltete zwei Testzyklen um die abschließende Produktivumstellung vorzubereiten. Nach einer 8 Monate dauernden Realisierungsphase wurde die Produktivumstellung schließlich während eines einzigen Wochenendes durchgeführt. Neben dem Echtzeitzugriff auf globale Programm-Management Daten und beschleunigten Prozessen konnte das Unternehmen auch eine deutliche Effizienzsteigerung von 70 % in der Aufgabenverwaltung verzeichnen.

Was Sie aus diesem Essential mitnehmen können

- Sie kennen jetzt die Bedeutung von Datenmigration und Systemkonsolidierung für den Unternehmenserfolg.
- Sie wissen, wie Sie durch Systemkonsolidierung Big Data vereinfachen und standardisieren.
- Sie können selektiv Daten migrieren.

S. Wachter, T. Zaelke, *Systemkonsolidierung und Datenmigration als Erfolgsfaktoren,* essentials, DOI 10.1007/978-3-658-11406-0

Literatur

Bell SC, Orzen MA (2011) Lean IT: enabling and sustaining your lean transformation. CRC Press

Berg B, Silvia P (2013) Einführung in SAP HANA: In-Memory-Technologie, Werkzeuge, Datenbeschaffung und Datenmodellierung. Galileo Press, Bonn

Bundesverwaltungsamt V Modell XT Bund Teil 5 V-Modell Referenz Produkte Bundesministerium des Inneren Migrationsleitfaden Version 3.0. Springer

Davidenkoff A, Werner D (2008) Globale SAP-Systeme – Konzeption und Architektur. Galileo Press, Bonn

Färber F, Cha SK, Primsch J, Bornhövd C, Sigg S, Lehner W (2012) SAP HANA database: data management for modern business applications. ACM Sigmod Rec 40(4):45–51

Gartner – Zrimsek B (2003) Derek Prior comparing the TCO of centralized vs. decentralized ERP 2003. Comparing the TCO of Centralized vs. Decentralized. https://www.gartner.com/doc/383962/comparing-tco-centralized-vs-decentralized. Zugegriffen: 24. Jan. 2013

Guggenberger JM (2010) Aufbau und Ablauf einer IT Integration Phasenmodel und Vorgehenskonzept unter Berücksichtigung spezifischer rechtlicher Aspekte. http://link.springer.com/book/10.1007/978-3-8349-8920-8

Mahato S, Jain A, Balasubramanian V (2006) Enterprise systems consolidation, IT project management. http://www.tandfonline.com/doi/abs/10.1201/1078.10580530/46352.23.4.20060901/95108.2?journalCode=uism20

Market overview: data services, the new data economy cultivates an eclectic new market of data services (2013) Forrester Research, Inc. https://websmp102.sapag.de~sapidp/002007974700000026472014E/Forrester_rep_DataServices.pdf

Oswald G (2013) SAP service and support. http://www.lehmanns.de/shop/mathematik-informatik/27778599-9783836226349-sap-service-und-support

Ross AM. 1, Rhodes DH, Hastings DE (2008) Defining changeability: reconciling flexibility, adaptability, scalability, modifiability, and robustness for maintaining system lifecycle value. http://web.mit.edu/adamross/www/Ross_JSE07_preprint.pdf

SAP success story voestalpine (2008) http://www.sdn.sap.com/irj/scn/go/portal/prtroot/docs/library/uuid/70eb5b97-b5f0-2d10-ab94-fb2aa9b438dbQuickLink=index&overridelayout=true&49868865476953

S. Wachter, T. Zaelke, *Systemkonsolidierung und Datenmigration als Erfolgsfaktoren,* essentials, DOI 10.1007/978-3-658-11406-0

SAP Teched ALM 219 (2012) KSB managing globalization needs via SAP landscape transformation software http://www.scribd.com/doc/134475981/SAP-TechEd-Las-Vegas-Lectures-Workshops-PDFs#scribd

Schlücker I (2010) Achtung, Stolperfalle! In: IT-Director, Ausgabe 1-/2010

Willinger M (2012) Datenmigration in SAP. Galileo Press. https://rheinwerkverlag.de/datenmigration-in-SAP_3710/

Worthem B (2003) http://www.cio.com/archive/111503/erp.html. Zugegriffen: 15. Nov. 2003